VEAMOS LOS CICLOS DE VIDA

Los ciclos de vida de los

insectos

BRAY JACOBSON

TRADUCIDO POR ALBERTO JIMÉNEZ

 Gareth Stevens
PUBLISHING

ENCONTEXTO

Please visit our website, www.garethstevens.com. For a free color catalog of all our high-quality books, call toll free 1-800-542-2595 or fax 1-877-542-2596.

Cataloging-in-Publication Data
Names: Jacobson, Bray.
Title: Los ciclos de vida de los insectos / Bray Jacobson.
Description: New York : Gareth Stevens Publishing, 2018. | Series: Veamos los ciclos de vida | Includes index.
Identifiers: ISBN 9781538215692 (pbk.) | ISBN 9781538215241 (library bound) | ISBN 9781538215753 (6 pack)
Subjects: LCSH: Insects--Life cycles--Juvenile literature.
Classification: LCC QL467.2 J25 2018 | DDC 595.7156--dc23

First Edition

Published in 2018 by
Gareth Stevens Publishing
111 East 14th Street, Suite 349
New York, NY 10003

Copyright © 2018 Gareth Stevens Publishing

Translator: Alberto Jiménez
Editorial Director, Spanish: Nathalie Beullens-Maoui
Editor, Spanish: María Cristina Brusca
Editor, English: Kristen Nelson
Designer: Samantha DeMartin

Photo credits: Series art Im stocker/Shutterstock.com; cover, p. 1 beer worawut/ Shutterstock.com; p. 5 Kimree/Shutterstock.com; p. 7 (ladybug) fragariavesca/Shutterstock.com; p. 7 (praying mantis) sparc/Shutterstock.com; p. 7 (rhinocerous beetle) JuRin GrooveRider/ Shutterstock.com; p. 7 (dragonfly) Costea Andrea M/Shutterstock.com; p. 9 (leaf beetle eggs) undefined/Shutterstock.com; p. 9 (mosquito eggs) thatmacroguy/Shutterstock.com; p. 9 (ant eggs) boyphare/Shutterstock.com; p. 11 Lorenzo Sala/Shutterstock.com; p. 13 (main) Tsekhmister/Shutterstock.com; p. 13 (adult) Lena Aref/Shutterstock.com; p. 13 (nymph) Vitalii Hulai/Shutterstock.com; p. 13 (eggs) Patrick Rolands/Shutterstock.com; p. 15 MR. TEERSAK KHEMNGERN/Shutterstock.com; p. 17 Cathy Keifer/Shutterstock.com; pp. 19, 25 HHelene/Shutterstock.com; p. 21 D. Kucharski K. Kucharska/Shutterstock.com; p. 23 Saint Fuangnakhon/Shutterstock.com; p. 27 PorKaliver/Shutterstock.com; p. 29 ldrus/ Shutterstock.com; p. 30 suns07butterfly/Shutterstock.com.

Printed in the United States of America

CPSIA compliance information: Batch #CW18GS: For further information contact Gareth Stevens, New York, New York at 1-800-542-2595.

Contenido

Las palabras del glosario se muestran en **negrita** la primera vez que aparecen en el texto.

Insectos por doquier

Para que un animal se denomine insecto debe tener antenas y tres pares de patas. Su cuerpo consta de tres segmentos, o partes: cabeza, **tórax** y **abdomen**. Puede tener, o no, uno o dos pares de alas.

Si quieres saber más

También tiene, sobre su cuerpo, una capa dura llamada exoesqueleto.

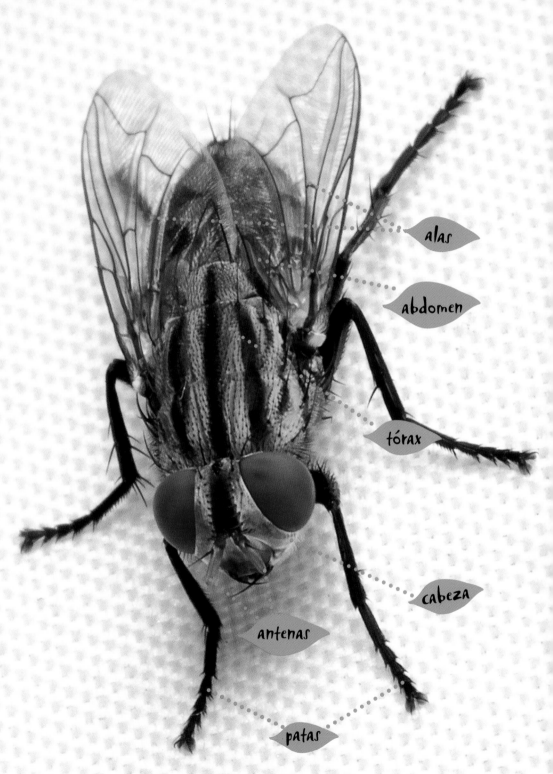

alas

abdomen

tórax

cabeza

antenas

patas

5

Hay tantos tipos de insectos en la Tierra que los científicos ¡no están seguros de su número! Sin embargo, sus ciclos de vida son similares. El ciclo de vida consiste en las **fases** que un animal atraviesa mientras vive.

Si quieres saber más

Los insectos han **adaptado** su ciclo de vida para **sobrevivir**. La duración de cada fase, por ejemplo, varía según el tipo de insecto de que se trate.

mariquita

mantis religiosa

escarabajo rinoceronte

libélula

¡A nacer!

Todos los insectos nacen de huevos. Muchas **especies** ponen huevos en el agua, en las plantas o en el suelo. Algunas hembras los llevan dentro del cuerpo hasta que **eclosionan**!

Si quieres saber más

A veces los huevos son tan pequeños que no se ven y en otras ocasiones llegan a medir hasta ½ pulgada (1.3 cm). Muchos son blancos o grises, ¡pero también los hay de colores muy vivos!

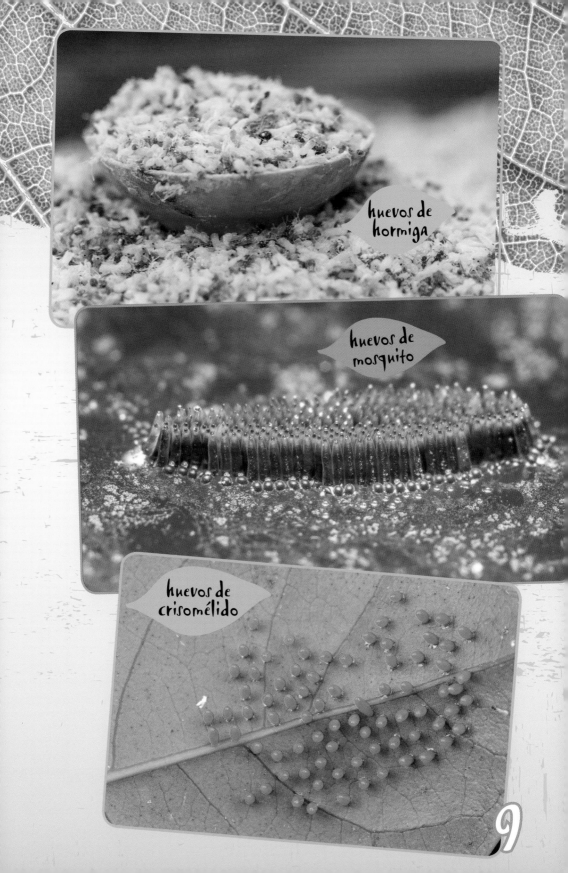

huevos de hormiga

huevos de mosquito

huevos de crisomélido

9

Segunda fase

Cuando salen del huevo, la mayoría de los insectos se llaman larvas. Estas son muy distintas entre sí. Las de ciertos escarabajos tienen patas, pero no alas. Las de muchas moscas carecen de patas y parecen gusanos diminutos.

Si quieres saber más

En determinadas especies de insectos, cuando las larvas salen del huevo, son idénticas a los adultos.

En la segunda fase de su vida, ciertos insectos se llaman ninfas. Estas suelen parecerse mucho a los adultos y viven en el mismo **hábitat**. Las crías de muchos insectos voladores que ponen huevos en el agua se llaman náyades.

Si quieres saber más

Normalmente, las ninfas comen lo mismo que los adultos de su especie. Las náyades y las larvas no, porque no suelen compartir su hábitat con los adultos.

El ciclo de vida de una libélula

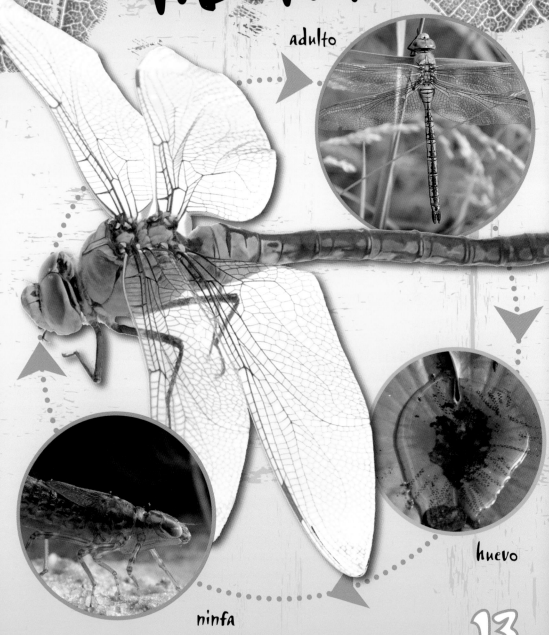

adulto

huevo

ninfa

Metamorfosis

El tiempo que un insecto vive como larva depende de la especie. Algunas larvas forman una envoltura, o capullo, a su alrededor. Estos insectos jóvenes se llaman crisálidas. Dentro del capullo, su cuerpo se hace adulto.

Si quieres saber más

Al salir de la crisálida, el aspecto del insecto es muy distinto al de cuando era una larva. Este fenómeno se denomina metamorfosis completa.

15

Aunque muchos insectos no se convierten en crisálidas, sus cuerpos siguen cambiando hasta convertirse en adultos. Algunos **mudan** de exoesqueleto varias veces. Con cada muda, aumentan de tamaño y experimentan marcados cambios corporales, como el crecimiento de alas.

Si quieres saber más

La muda es otro tipo de metamorfosis, porque el cuerpo del insecto cambia.

La vida de la cucaracha

El ciclo vital de la cucaracha americana, o cucaracha roja, comienza cuando el macho y la hembra se aparean. De 3 a 7 días después, la hembra pone un estuche (envoltura) de huevos que arrastra por horas o días, ¡hasta dejarlo a salvo en un escondite!

Si quieres saber más

Al igual que casi todos los animales, los insectos buscan a otros de su mismo tipo para aparearse y tener crías.

19

Las ninfas de cucaracha salen del huevo entre 24 y 38 días después. Entonces, ¡crecen y cambian mediante mudas! Repiten las mudas de 10 a 13 veces, lo que les permite desarrollar alas y ser capaces de **reproducirse**.

Si quieres saber más

Para que la ninfa se convierta en una cucaracha adulta debe pasar de 6 meses a un año.

21

Las cucarachas americanas
viven cerca de un año.
Durante este tiempo, la
hembra pone hasta 14
estuches de huevos, ¡y en
cada estuche puede haber
hasta 15 crías! Su ciclo de
vida pasa rápido.

Si quieres saber más

Si las condiciones son favorables,
las poblaciones de cucarachas
aumentan a gran
velocidad.

El ciclo de vida de la cucaracha

Las ninfas mudan muchas veces.

Macho y hembra se aparean.

La hembra pone un estuche de huevos y lo esconde.

Las ninfas salen del estuche.

23

Surge una mariposa

La hembra de la mariposa pone los huevos en las hojas o los tallos de plantas. Pasado un tiempo, en cada huevo crece una larva que se llama oruga. Tras unas semanas o cuando hace suficiente calor, la oruga sale del huevo.

Si quieres saber más

¡Las orugas comen muchísimo! A consecuencia de ello la piel les queda pequeña y la mudan cuatro o cinco veces más.

25

¡El tamaño de la oruga llega a aumentar 100 veces! En cuanto crece lo suficiente, se envuelve en una crisálida que a su vez está cubierta por una capa dura. Así se protege del mal tiempo y de los depredadores.

Si quieres saber más

Durante su fase de crisálida, la mariposa se llama también crisálida.

27

La crisálida puede durar semanas o meses, según sea la especie. Cuando sale de su envoltura, la mariposa no vuela bien. Debe dejar que sus alas, blandas y húmedas, se sequen y se endurezcan. ¡Entonces ya es un insecto adulto!

Si quieres saber más

Ciertos tipos de hembra eligen el macho con el que se aparean. A veces, algunos machos se aparean con hembras antes de que ellas salgan de su crisálida.

29

El ciclo de vida de las mariposas

¡La mariposa eclosiona de la crisálida!

Las adultas se aparean.

Las hembras ponen huevos.

Dentro de la crisálida, la oruga cambia durante semanas o meses.

Las orugas salen de los huevos.

Cada oruga se convierte en una crisálida.

Las orugas comen mucho y crecen.

Glosario

abdomen: parte del cuerpo de un insecto que contiene los aparatos digestivo y reproductor.

adaptar: cambiar para ajustarse a las condiciones.

eclosionar: cuando las crías logran salir de su capullo o huevo, nacimiento.

especie: grupo de plantas o animales del mismo tipo.

fase: etapa del crecimiento de un animal.

hábitat: lugar donde vive una especie animal o vegetal.

mudar: cuando un insecto cambia la capa más externa de su cuerpo.

reproducirse: cuando un animal procrea una criatura igual a sí mismo.

sobrevivir: superar una situación y seguir viviendo.

tórax: parte media del cuerpo de un insecto. Del tórax salen las alas y las patas.

Para más información

Libros

Amstutz, L. J. *Investigating Animal Life Cycles*. Minneapolis, MN: Lerner Publications, 2016.

Stewart, Melissa. *Zoom in on Butterflies*. Berkeley Heights, NJ: Enslow Publishers, 2014.

Sitios de Internet

¡Ciclo vital de la mariposa!

www.ngkids.co.uk/science-and-nature/butterfly-life-cycle
Encuentra información, imágenes e ilustraciones que te ayudarán a repasar el ciclo de vida de la mariposa.

Nota del editor a educadores y padres: nuestro personal especializado ha revisado cuidadosamente estos sitios web para asegurarse de que son apropiados para los estudiantes. Muchos sitios web cambian con frecuencia, por lo que no podemos garantizar que posteriores que se suban posteriormente a esas páginas cumplan con nuestros estándares de calidad y valor educativo. Tengan presente que se debe supervisar cuidadosamente a los estudiantes siempre que tengan acceso al Internet.

Índice